MANUEL

DES

SUJETS DES COMPOSITIONS ÉCRITES

POUR

L'ADMISSION DES OFFICIERS ET SOUS-OFFICIERS

DES DIVERS CORPS DE TROUPE

DANS LA GENDARMERIE

ET POUR

L'AVANCEMENT DES SOUS-OFFICIERS DE GENDARMERIE

AU GRADE DE SOUS-LIEUTENANT

3ᵉ ÉDITION, arrêtée au **20 mars 1906**.

PARIS

Henri CHARLES-LAVAUZELLE

Éditeur militaire

10, Rue Danton, Boulevard Saint-Germain, 118

(MÊME MAISON A LIMOGES)

MANUEL

DES

SUJETS DES COMPOSITIONS ÉCRITES

POUR L'ADMISSION

DES OFFICIERS ET SOUS-OFFICIERS DES DIVERS CORPS DE TROUPE

DANS LA GENDARMERIE

ET POUR

L'AVANCEMENT DES SOUS-OFFICIERS DE GENDARMERIE

AU GRADE DE SOUS-LIEUTENANT

MANUEL

DES

SUJETS DES COMPOSITIONS ÉCRITES

POUR

L'ADMISSION DES OFFICIERS ET SOUS-OFFICIERS

DES DIVERS CORPS DE TROUPE

DANS LA GENDARMERIE

ET POUR

L'AVANCEMENT DES SOUS-OFFICIERS DE GENDARMERIE

AU GRADE DE SOUS-LIEUTENANT

3ᵉ ÉDITION, arrêtée au **20 mars 1906**.

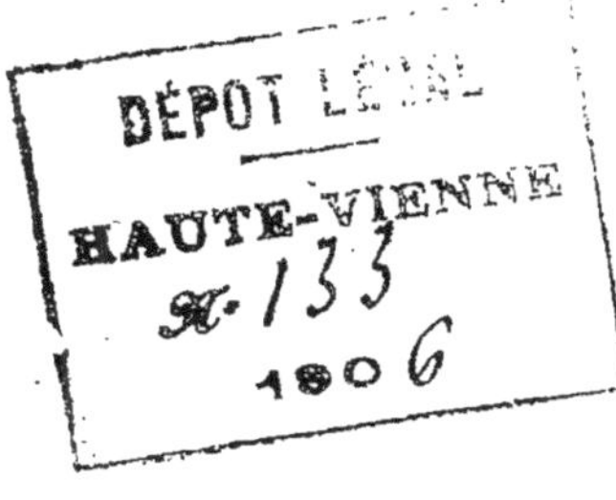

PARIS

Henri CHARLES-LAVAUZELLE

Éditeur militaire

10, Rue Danton, Boulevard Saint-Germain, 118

(MÊME MAISON A LIMOGES)

AVANT-PROPOS

Il nous a paru utile de donner aux officiers et sous-officiers des régiments qui sollicitent leur admission dans la gendarmerie, un aperçu des sujets de procès-verbaux et de rapports fictifs qu'ils peuvent avoir à traiter pour être admis au classement.

Nous y avons ajouté quelques sujets de décomptes fictifs pour les candidats aux fonctions de comptable dans la gendarmerie.

Si nous avions cru devoir développer chaque sujet, nous aurions produit un travail qui aurait fait double emploi avec l'excellent *Guide-formulaire de la gendarmerie dans l'exercice de ses fonctions de police judiciaire, civile et militaire*, par M. Meynieux, président du tribunal civil de Saint-Etienne.

Cet ouvrage contient, en effet, plus de 400 formules de procès-verbaux et donne sur chaque cas particulier l'application des lois, décrets et règlements en vertu desquels les gendarmes sont appelés à agir.

Notre but n'est pas d'apprendre à rédiger, ni de donner aux candidats les connaissances techniques ou professionnelles qui ne s'obtiennent que par la pratique et par l'étude des règlements de l'arme.

Nous nous sommes borné à indiquer, à la suite de quelques thèmes, les règles à observer, l'écueil à éviter, mettant ainsi en éveil l'attention des candidats, qui, généralement capables quant à la rédaction, perdent trop facilement de vue, sous l'influence d'une émotion bien naturelle, que chaque question d'un sujet donné présente un cas d'application ou d'interprétation des règlements qui ne doit pas leur échapper, à défaut de quoi la composition, bonne dans son ensemble, est défec-

tueuse dans sa partie la plus essentielle : la procédure;
et cela suffit pour qu'un candidat soit évincé, car le but
du concours est de juger de l'aptitude technique, autant
que de la facilité de rédaction, du style et de l'orthographe.

On doit observer de rédiger les procès-verbaux et rapports en se donnant le titre et la qualité de l'emploi
pour lequel on est proposé. Un gendarme présenté pour
le grade de brigadier commence ainsi son procès-verbal :

« Nous, X..., brigadier de gendarmerie à cheval (ou à
pied) à la résidence de... »

Le sous-officier présenté pour le grade de sous-lieutenant rédigera son rapport comme s'il était titulaire du
grade et de l'emploi de commandant d'arrondissement.

Mêmes recommandations pour les officiers et sous-officiers des corps de troupe qui concourent pour être
admis dans la gendarmerie.

On doit éviter avec soin les longueurs de phrases et
la répétition des pronoms *qui, que, lequel*. Cette rédaction est diffuse, et, pour éviter cet écueil, il faut s'at-
tacher à faire des phrases courtes. Mieux vaut en faire
plusieurs courtes qu'une seule longue.

Nous avons tracé le canevas de quelques sujets de
procès-verbaux. C'est ainsi qu'on doit opérer avant de
développer une question.

Trop souvent les candidats se mettent à écrire sans
but, sans données, sans avoir, au préalable, classé leurs
idées avec ordre et tracé les points essentiels des règles à observer. Ils vont de l'avant et au hasard et
remplissent deux grandes pages d'une rédaction creuse
et sans valeur au point de vue technique.

Nous préconisons donc la méthode du canevas dont
nous donnons quelques exemples. C'est la seule ma-
nière de procéder méthodiquement, de repérer la ré-
glementation à observer, d'ordonner les idées, de ne
rien oublier et de faire bien.

Format: 250/176 ou 315/205
(suivant le cas).
Marge de 0ᵐ,04.
Circulaire ministérielle
du 26 décembre 1904.

e LÉGION.

—

COMPAGNIE

d

—

ARRONDISSEMENT

d

—

BRIGADE

d

—

Nᵒˢ de la brigade....

Du   190 .

PROCÈS-VERBAL
CONSTATANT
᾽ EXPÉDITION.

Vu, transmis par le Commandant de l'arrondissement,

à M

Le

190

NOTA. — Lorsqu'il y a lieu de donner un signalement, il est placé à la suite du procès-verbal, après les signatures.

L'emploi de formules imprimées peut être toléré pour les contraventions, arrestations en vertu do contraintes par corps, recherches, etc., mais seulement lorsqu'il n'y a pas de faits particuliers à relever et sous réserve de la non-opposition des autorités intéressées. Il en est de même pour les arrestations d'insoumis et de militaires déserteurs ou absents illégalement.

GENDARMERIE
NATIONALE.

—

MODÈLE Nᵒ 10.
(Ancien nᵒ 16.)

—

Art. 292 du décret sur l'organisation et le service de la gendarmerie.

Cejourd'hui   mil neuf cent
          , à   heures   du
Nous soussigné

gendarme à   à la résidence d
département d   , revêtu de notre
uniforme, et conformément aux ordres de nos chefs,

En foi de quoi, nous avons dressé le présent procès-verbal en   expédition , l'une destinée à   , l'autre au   commandant l'arrondissement, conformément à l'article 298 du décret du 20 mai 1903.

Fait et clos à   , les jour, mois et an que dessus.

Format : 315/205.

MODÈLE GÉNÉRAL Nº 18

• CORPS D'ARMÉE

GENDARMERIE
NATIONALE.

Art. 84 du règlement sur le service intérieur.

e LÉGION.

A   le   190 .

COMPAGNIE

d

RAPPORT du (1)

ARRONDISSEMENT

d

commandant (2)

BRIGADE

d

Sur (3)

Nº

OBJET :

(1) Indiquer le grade et le nom.
(2) Indiquer le commandement.
(3) Indiquer l'objet du rapport.

NOTA. — Pour faciliter la rédaction, les rapports peuvent être faits sous la forme personnelle ou impersonnelle.
Les avis des chefs hiérarchiques seront consignés, s'il y a lieu, à la suite du rapport. Les inscriptions : brigade, arrondissement, compagnie, sont faites suivant l'autorité qui établit le rapport. Ce rapport est fait sur feuille simple, à moins que la rédaction et les apostilles successives ne nécessitent l'emploi d'une feuille double.

NOTA. — La largeur uniforme de la marge est de 0,07 centimètres sur les rapports, lettres, demandes, états, etc., sans aucune exception.

Format : 315/205.

· CORPS D'ARMÉE

GENDARMERIE

NATIONALE.

ᵉ LÉGION.

COMPAGNIE

d —

ARRONDISSEMENT

d —

BRIGADE

d —

Nᵒ

OBJET :

MODÈLE GÉNÉRAL Nᵒ 19

Art. 84 du règlement
sur le service inté-
rieur.

A   le   190 .

Le (1)

le (2)

Au (3)

commandant

(1) Indiquer le grade et
le nom.
(2) Indiquer le comman-
dement.
(3) Indiquer le grade et
l'emploi.

NOTA. — Les avis des
chefs hiérarchiques seront
consignés, s'il y a lieu, à
la suite de la lettre. Les
inscriptions : brigade, arrondissement, compagnie,
sont faites suivant l'autorité qui établit la lettre.
Celle-ci est faite sur feuille
simple, à moins que la rédaction et les apostilles
successives ne nécessitent
l'emploi d'une feuille double.

Iʳᵉ PARTIE

SOUS-OFFICIERS DES DIVERS CORPS DE TROUPE QUI DEMANDENT A PASSER DANS LA GENDARMERIE COMME CHEFS DE BRIGADE

SUJETS DE PROCÈS-VERBAUX FICTIFS.

Procès-verbal constatant un délit de chasse, en temps prohibé, par un inconnu porteur d'un permis avec signalement et signature paraissant ne pas être les siens.

Etablir l'identité de cet individu en le conduisant devant le maire de la commune dont il se réclame, après lui avoir fait ôter les cartouches ou les capsules de son fusil. S'il refuse de se faire connaître, ou s'il n'a pas de domicile connu, l'arrêter, le désarmer et le fouiller. (V. *Loi sur la police de la chasse*, en vente à la librairie Lavauzelle.)

Un brigadier et un gendarme étant de service à la foire de..., reconnaissent qu'un cheval exposé en vente est atteint de la morve.
Indiquer les dispositions prises.

L'animal devra être immédiatement séquestré, séparé et maintenu isolé des autres animaux ; un vétérinaire appelé constate l'état morbide et délivre un certificat. Le maire ordonne l'abatage de l'animal. Le procès-verbal est dressé en triple expédition, dont une destinée au préfet, comme pour tous les cas qui peuvent intéresser la sûreté publique ou réclamer une mesure administrative. Une expédition est adressée par la voie hiérarchique au général commandant le corps d'armée. (V. les art. 205 et suivants du décret du 20 mai 1903.)

Un nommé A... vient apprendre au commandant de la brigade de B... qu'un cadavre se trouve au milieu d'un champ situé auprès de la route de C... à D..., et que tout fait supposer que la mort a été le résultat d'un assassinat.

Indiquer toutes les mesures que doit prendre le commandant de la brigade.

On se conformera, dans ce cas, aux articles 161 et suivants du décret du 20 mai 1903, auquel nous renvoyons.

Un brigadier de gendarmerie est informé qu'un cadavre vient d'être trouvé dans un fossé au bord de l'eau.

Il constate que la mort est le résultat d'un assassinat, et, par suite des renseignements reçus, opère l'arrestation d'un individu.

Le prisonnier s'évade.

L'escorte apprend, pendant la nuit, qu'il s'est réfugié dans une maison habitée.

Application des articles 161 et suivants du décret du 20 mai 1903 pour la première partie du sujet, des articles 154 et 155 pour l'arrestation, de l'article 284 pour l'évasion et des articles 191 et suivants pour la garde à vue de la maison.

Télégraphier au procureur de la République et au commandant d'arrondissement.

Le brigadier A... et le gendarme B..., étant en tournée dans la commune de T..., sont avisés du passage d'un individu à mine suspecte. Ils s'empressent de le rejoindre, l'interpellent sur son identité, apprennent qu'il est sujet belge, sans papiers, et le trouvent nanti de vingt cartouches de dynamite dont il ne peut justifier la provenance.

Faire subir à cet individu un interrogatoire sérieux afin d'acquérir la conviction qu'il est sans ouvrage, en état de vagabondage et que les cartouches de dynamite dont il est porteur ont été détournées dans une intention criminelle. L'arrêter, le fouiller minutieusement et le conduire devant le procureur de la République.

Le procès-verbal est dressé en trois expéditions, dont une destinée au préfet.

Un vol de linge et d'argent est commis, pendant la nuit, avec escalade et effraction, dans une maison habitée. Le malfaiteur, en sortant par une croisée pour se retirer, a laissé des empreintes de pas sur le terrain.

La victime du vol a des soupçons sur le nommé T..., repris de justice, qui a été vu rôdant autour de l'habitation dans le milieu de la journée.

Relever soigneusement les empreintes des pas et tous les indices qui peuvent mettre sur la trace du coupable. Rechercher l'individu soupçonné, examiner ses chaussures, acquérir la certitude qu'elles laissent les mêmes empreintes que celles relevées, l'arrêter, le fouiller, et conduire le délinquant devant le procureur de la République. Une perquisition pour découvrir les objets volés ne peut être faite que par un officier de police judiciaire.

Arrestation d'un individu désigné par la clameur publique comme l'auteur d'un assassinat commis il y a trois mois sur la personne d'un propriétaire de la commune de X...

Rechercher l'individu signalé, l'interroger, acquérir les preuves qu'il est l'auteur de l'assassinat, ou obtenir l'aveu du crime et arrêter le prévenu, après l'avoir fouillé, pour être conduit devant le procureur de la République.

Un brigadier et un gendarme en tournée de communes rencontrent sur leur chemin deux individus inconnus et de mauvaise mine, tous deux sans papiers ni moyens d'existence. L'un d'eux insulte grossièrement le chef de brigade dans l'interrogatoire que celui-ci lui fait subir.

Arrêter ces deux individus pour vagabondage et les conduire devant le procureur de la République. Relater les injures adressées au chef de brigade par l'un d'eux et dire qu'il sera fait, à ce sujet, un deuxième procès-verbal d'outrages à la gendarmerie. (V. les art. 179 et 213 du décret du 20 mai 1903.)

Constater un vol simple, avec flagrant délit.

Les objets volés doivent être saisis pour être déposés au greffe.
L'individu arrêté est conduit immédiatement devant le procureur de la République. (Loi du 20 mai 1863 sur l'instruction des flagrants délits devant les tribunaux correctionnels.)

Constater un délit de chasse suivi de l'arrestation du délinquant.

Application de l'article 25 de la *loi du 3 mai 1844 sur la police de la chasse*. (En vente à la librairie Lavauzelle.)
Il faut donc prévoir le cas d'un chasseur qui fait résistance, qui adresse des menaces à la gendarmerie, qui refuse de se faire connaître lorsque l'exhibition de ses papiers lui est demandée, qui donne un faux nom, qui est masqué ou qui chasse pendant la nuit.

Incendie de la mairie de la résidence. — Mesures prises. — Investigations. — Recherches pour découvrir le ou les coupables. — Arrestations s'il y a lieu.

Vol de nuit avec effraction, escalade et fausses clefs dans une maison habitée.

———

Arrestation en flagrant délit de mendicité avec menaces et en s'introduisant dans les habitations. (V. l'art. 213 du décret du 20 mai 1903.)

———

Arrestation d'un vagabond rencontré sur la route de... par le brigadier et un gendarme en tournée de communes. (V. l'art. 213 du décret du 20 mai 1903.)

———

Les nommés A..., B..., C... viennent prévenir le commandant de la brigade de D... que, sur la route de E... à F..., auprès du bois de G... une attaque à main armée a eu lieu un peu avant le jour, par quatre malfaiteurs, sur trois personnes voyageant dans une voiture particulière ; une de ces personnes est blessée mortellement et un des malfaiteurs a été tué sur place.

Indiquer toutes les mesures que doit prendre le chef de poste.

Télégraphier au commandant d'arrondissement et au procureur de la République. Toute la brigade se rend sur les lieux. Interroger les voyageurs sur le signalement des malfaiteurs, la direction qu'ils ont prise, fouiller celui qui a été tué afin de découvrir quelque indice utile; prévenir, au besoin par télégraphe, si possible, les brigades limitrophes. Le chef de brigade se met à la poursuite des malfaiteurs, après avoir laissé deux gendarmes sur le lieu du crime et pris tous les renseignements nécessaires auprès des voyageurs. Le reste suivant les circonstances. Il peut y avoir rencontre, lutte, arrestation, etc.

———

Un maréchal des logis et un gendarme, étant en tournée de communes, surprennent deux individus en délit de pêche. Après la constatation d'usage, ils cherchent à établir leur identité, mais, soupçonnant que les délinquants leur donnent un faux nom, ils se rendent dans la commune voisine, où, en l'absence du maire, ils se présentent chez l'instituteur qui déclare connaître ces individus mais n'avoir aucun renseignement à donner à la gendarmerie. Finalement, ils sont injuriés et invités grossièrement à se retirer.

En pareil cas, il faut s'abstenir d'arrêter l'instituteur. On spécifiera qu'un procès-verbal d'injures a été dressé contre lui et une expédition en sera adressée au préfet pour la mesure disciplinaire (changement de poste) dont il peut être frappé, indépendamment des poursuites correctionnelles.

Un chef de brigade apprend que de fausses pièces d'argent sont fréquemment mises en circulation dans sa circonscription.

Les soupçons se portent sur deux individus.

Il surveille leurs allures. L'un d'eux est pris en flagrant délit d'émission de fausse monnaie.

Il subit un interrogatoire.

Poursuivant ses investigations, le chef de brigade découvre l'atelier de fabrication servant aux individus soupçonnés.

Saisir les pièces fausses mises en circulation et prendre les noms des personnes à qui elles ont été remises. Arrêter l'individu pris en flagrant délit et le fouiller; il sera vraisemblablement porteur d'autres pièces semblables à celles déjà saisies.

Arrêter également les complices.

Prévenir télégraphiquement le commandant d'arrondissement et le procureur, qui se transportent sur les lieux et mettent sous scellés le matériel de fabrication et les pièces fausses saisies.

Procès-verbal constatant l'attaque par deux malfaiteurs d'un paysan revenant de la foire. Armé d'un bâton, il se défend et les met en fuite après en avoir blessé un à la tête. Il fait sa déclaration à la gendarmerie quelques instants après. Opérations. Arrestation du blessé. Constatations, etc.

Recevoir la déclaration du plaignant, se transporter sur les lieux. Arrêter l'individu blessé, l'interroger pour connaître ses complices, leurs noms, leurs domiciles, la direction qu'ils ont prise et se mettre à leur poursuite, après avoir recueilli tous les renseignements utiles de l'individu qui a attaqué.

Prévenir télégraphiquement le commandant d'arrondissement et le procureur de la République, qui se transportent sur les lieux.

Procès-verbal constatant la découverte d'un cadavre. Arrivée de la gendarmerie. Constatations. — Un bâton, trouvé près de la victime et portant des traces de sang est reconnu par un habitant comme ayant été vu entre les mains du nommé X... d'un village voisin.

Application des articles 161 et suivants du décret du 20 mai 1903. Rechercher l'individu soupçonné être l'auteur du crime; l'interroger, vérifier l'emploi de son temps, inspecter soigneusement ses vêtements, ses mains, son visage qui peuvent porter des traces de la lutte; lui représenter le bâton et le faire représenter aux personnes qui le lui ont vu entre les mains. Acquérir ainsi la preuve qu'il est l'auteur du crime et l'arrêter. Saisir le bâton.

Prévenir télégraphiquement le commandant d'arrondissement et le procureur de la République, qui se transportent sur les lieux.

Le maréchal des logis X..., commandant la brigade de D..., est informé qu'un assassinat vient d'être commis dans sa résidence. Il se rend immédiatement sur les lieux avec deux de ses hommes et reconnaît que la victime, le sieur P..., marchand épicier, est étendu sans vie dans une des chambres de son domicile et qu'elle porte plusieurs blessures à la tête, produites par un instrument tranchant et contondant, qui a été abandonné par le meurtrier sur le théâtre du crime. Il constate, en outre, qu'une armoire et une commode ont été forcées et le contenu répandu en désordre sur le plancher.

Application des articles 161 et suivants du décret du 20 mai 1903. — Indiquer les blessures, leur nombre, leur gravité, l'instrument qui a pu les produire. Le vol paraissant être le mobile du crime, s'enquérir si une somme d'argent a été dérobée, sa composition; rechercher sur qui pèsent les soupçons et tout ce qui peut amener la découverte de l'auteur du crime. Le commandant d'arrondissement et le procureur de la République, prévenus télégraphiquement, se sont rendus sur les lieux.

Un maréchal des logis et un gendarme transfèrent, par voie de terre, deux prisonniers dangereux. Ils sont prévenus en chemin qu'un incendie considérable, attribué à la malveillance, s'est déclaré dans une commune peu éloignée de leur route.

Quel parti prendra le chef d'escorte ?

Se rendre sur les lieux de l'incendie avec les prisonniers. Ceux-ci, bien enchaînés, seront enfermés dans un lieu sûr, violon municipal, cave, etc., sous la garde du gendarme d'escorte.

Le chef de brigade télégraphie à la brigade voisine pour demander deux gendarmes sur le lieu du sinistre; à défaut de télégraphe, il fait prévenir par un exprès.

En attendant leur arrivée, il recherche les causes de l'incendie et l'auteur présumé.

Les gendarmes étant arrivés, le chef de brigade leur donne les instructions pour continuer l'enquête et la recherche des malfaiteurs, et il continue l'escorte.

Arrestation d'un déserteur revêtu de ses effets militaires.

Etant de service, rencontre d'un individu en tenue militaire assez négligée. Demande de sa permission ou feuille de route. Aveu du déserteur. Son interrogatoire suivant le formulaire en usage. Il importe surtout de préciser s'il déclare avoir emporté d'autres effets et des armes et ce qu'il en a fait. Lui demander l'emploi de son temps. Faire application des articles 222 et suivants du décret du 20 mai 1903.

Un colporteur, parcourant le pays depuis plusieurs jours, est signalé à la gendarmerie comme suspect d'espionnage, en raison de ses allures.

Il est adroitement surveillé et est surpris un matin, au lever du jour, prenant le croquis d'un ouvrage militaire.

Une instruction très confidentielle indique l'interrogatoire à faire subir en pareil cas à l'individu convaincu du crime d'espionnage. Il est conduit immédiatement devant le procureur de la République.

Le procès-verbal est établi en quatre expéditions : la première accompagne l'individu arrêté, la seconde est destinée au préfet, la troisième au Ministre de la guerre, la quatrième aux archives de la gendarmerie.

En passant près d'un parc clos et attenant à une maison d'habitation, le chef de brigade aperçoit des engins prohibés destinés à prendre des petits oiseaux.

Que fait la gendarmerie ?

On admet que l'entrée lui est refusée pour s'assurer de l'authenticité des engins. Quelles mesures prend-elle ? De quelle façon constate-t-elle le délit et en fait-elle la preuve ?

[Voir le *Recueil de jurisprudence*, du lieutenant-colonel Corsin, au mot « Chasse » et le *Guide formulaire des procès-verbaux*, par M. Meynieux.]

Le maréchal des logis A... apprend qu'un édifice religieux situé à 500 mètres de sa caserne vient d'être envahi par une bande d'individus qui se livrent à tous les désordres et à toutes les violences pour interrompre l'exercice du culte et se rendre maître de l'édifice.

Délit prévu par l'article 261 du Code pénal et passible d'une amende de 16 à 300 francs et d'un emprisonnement de 6 jours à 3 mois. Faire évacuer l'édifice religieux et arrêter les principaux meneurs ou perturbateurs, qui seront immédiatement conduits, après avoir été fouillés, devant le procureur de la République. Si la gendarmerie locale était impuissante à rétablir l'ordre, elle télégraphierait au procureur de la République et au commandant d'arrondissement, soit pour demander du renfort, soit en raison de la gravité des désordres et des violences.

Le brigadier A... est informé qu'un individu étranger au pays, et qui a pris la fuite dans la direction de..., vient de renverser avec sa voiture un vieillard qui ne donne plus signe de vie.

Mesures prises.

Se transporter sur les lieux, constater l'état de la victime, rechercher le signalement du conducteur et de la voiture. Prévenir le commandant de l'arrondissement et le procureur de la République par dépêche. Au besoin télégraphier à la brigade dans la direction prise par l'auteur de l'accident et se mettre à sa poursuite. L'arrêter si on parvient à l'atteindre et mettre le cheval et la voiture en fourrière.

Le maréchal des logis G... a arrêté des étrangers coupables de rixe avec des habitants, d'outrages et de rebellion envers la gendarmerie ; un attroupement menaçant se forme devant la caserne. Le maire requiert le maréchal des logis de relaxer les prisonniers et de faire cesser les patrouilles pour assurer l'apaisement général.

Maintenir les individus en arrestation et requérir au contraire le maire d'avoir à prévenir ses administrés que si des violences, voies de fait ou tentatives d'évasion avaient lieu, la force des armes serait déployée.

Suspendre les patrouilles, afin d'être en nombre pour résister à l'attroupement devant la caserne.

Aviser télégraphiquement le commandant d'arrondissement et lui demander du renfort.

Procès-verbal constatant une contravention à la police du roulage pour convoi composé de trop de voitures et défaut d'éclairage la nuit. (V. *Loi sur la police du roulage*, en vente à la librairie Lavauzelle.)

OFFICIERS DES DIVERS CORPS DE TROUPE QUI DEMANDENT A PASSER DANS LA GENDARMERIE ET SOUS-OFFICIERS DE GENDARMERIE PRÉSENTÉS POUR LE GRADE DE SOUS-LIEUTENANT

SUJETS DE PROCÈS-VERBAUX FICTIFS

Procès-verbal constatant une tentative d'assassinat sur la personne du procureur de la République, qui se rendait à... pour y constater un assassinat. L'officier, qui avait déjà commencé l'enquête et qui recherchait les coupables du premier crime, prend les mesures nécessaires pour faire continuer les poursuites et se rend sur les lieux pour constater le deuxième crime. Les auteurs, au nombre de quatre, sont arrêtés ; l'officier les interroge et leur fait avouer leurs crimes, car ce sont les mêmes individus qui, après avoir commis le premier assassinat, ont tenté de tuer le procureur de la République.

Procès-verbal constatant une attaque à main armée dirigée contre la brigade de..., qui conduisait deux prisonniers au point de rencontre. Un gendarme tue un des agresseurs ; les autres prennent la fuite. Arrivée du commandant d'arrondissement, qui fait rechercher et arrêter deux individus qui ont pris part à l'attaque et qui dénoncent leurs complices.

Le commandant d'arrondissement est prévenu que, deux maisons plus loin que la gendarmerie où il habite, un assassinat vient d'être commis : un mari a tué sa femme. Il s'y rend et opère comme officier de police judiciaire.
Donner le détail de toutes les opérations, le parquet ne s'étant pas présenté.

Procès-verbal constatant un assassinat dont l'auteur est reconnu par l'enfant de la victime et dans la maison duquel on trouve un couteau ensanglanté.

Procès-verbal d'une perquisition faite, sur réquisition du préfet, dans un domicile où l'on soupçonne qu'il existe des engins meurtriers ou des explosifs. (V. l'art. 93 du décret du 20 mai 1903 et la lettre ministérielle du 30 janvier 1894.)

Le lieutenant A... en tournée de revision se promène seul avec le préfet dans la commune de K... Un individu (ancien instituteur révoqué) les aborde, injurie et menace le préfet.

Procès-verbal constatant l'attaque à main armée d'une voiture publique. L'officier, prévenu par télégramme, se rend sur les lieux avec la brigade à cheval de la résidence. Après renseignements, il se met à la poursuite de deux malfaiteurs qu'il atteint. Résistance de ces derniers. Un gendarme est blessé d'un coup de feu, un malfaiteur tué ; arrestation de l'autre. Retour sur le lieu du crime. Confrontation avec le conducteur et un voyageur. Déclarations de ces derniers. Arrivée du procureur.

Un commandant d'arrondissement est informé qu'un viol, suivi d'une tentative d'assassinat, a été commis dans la commune de..., sur la personne d'une jeune fille de 15 ans. L'auteur de ce double crime est inconnu. L'officier se rend sur les lieux et commence, dès son arrivée, une instruction judiciaire. Des soupçons planent sur un individu qui a été vu rôdant dans la commune.

Recherche et arrestation de cet individu.

IIIᵉ PARTIE

SUJETS DE RAPPORTS FICTIFS

Procès-verbal constatant la démolition des appareils télégraphiques du bureau de... La brigade de cette localité, impuissante à disperser une émeute occasionnée par une élévation des droits des bestiaux amenés sur le marché de..., est obligée d'envoyer une estafette pour demander du renfort, les émeutiers ayant brisé l'appareil télégraphique.

Mesures prises par le commandant d'arrondissement, qui se rend sur les lieux et, après beaucoup de difficultés, disperse les manifestants.

Arrestation de deux meneurs.

Procès-verbal constatant le pillage de la caisse du percepteur de..., par deux individus qui ont été aperçus par deux gendarmes en tournée de communes au moment où ils prenaient la fuite. Le commandant d'arrondissement, qui s'est rendu sur les lieux, commence une enquête et fait rechercher les malfaiteurs qui sont arrêtés et ramenés sur les lieux.

Procès-verbal constatant un incendie dû à la malveillance. Le commandant d'arrondissement, prévenu par télégramme, se rend sur les lieux et, après avoir fait une enquête minutieuse parvient à découvrir l'auteur de l'incendie, qu'il fait arrêter. Le procureur arrive sur les lieux, continue l'information et fait conduire l'inculpé à la maison d'arrêt.

Procès-verbal constatant un vol de nuit avec effraction, commis par deux malfaiteurs. Les domestiques, ayant entendu du bruit, ont appelé et en même temps donné l'éveil aux malfaiteurs, qui ont pris la fuite. Le commandant d'arrondissement, qui a été prévenu, se rend sur les lieux, fait rechercher les malfaiteurs qui sont arrêtés par une brigade voisine. Le procureur arrive sur les lieux, interroge les prévenus qui ont été amenés à l'endroit du crime, et ordonne leur arrestation.

Deux malfaiteurs évadés de la prison de X..., depuis longtemps recherchés sans succès dans l'arrondissement, peuvent enfin être arrêtés par la brigade de...

Cette importante capture n'a été opérée qu'après une opiniâtre résistance et au prix de réels dangers. Un gendarme a même été légèrement blessé d'un coup de feu.

Le commandant de l'arrondissement se transporte sur les lieux et fait une enquête circonstanciée sur les mesures prises pour découvrir et cerner les malfaiteurs et sur les péripéties de la lutte.

Rendre compte au commandant de la compagnie, en faisant la part de chacun dans cette belle opération.

Quatre forçats se sont échappés de la prison de M... ; ils ont pris le soin de couper les fils télégraphiques, ont pillé à S... la caisse du percepteur et se sont dispersés dans la campagne.

Mesures ordonnées par le commandant d'arrondissement pour parvenir à les découvrir et à les arrêter.

Rapport sur la découverte du cadavre d'un inconnu dans une forêt.

Indices. — Déclarations d'habitants faisant supposer que l'auteur du crime a pris le train de... à la gare voisine de... Son signalement est donné.

Une manifestation dans le but de renverser l'autorité municipale a lieu dans le chef-lieu de canton. Un rassemblement considérable menace la mairie. Plusieurs individus, dans ce rassemblement, sont armés. Le maire fait fermer les portes de la mairie.

Prévenu de cette manifestation, le commandant d'arrondissement se rend sur les lieux avec plusieurs brigades et parvient à dissiper l'attroupement.

Des arrestations sont opérées.

Rapport sur la découverte d'un cadavre trouvé la nuit dans une forêt. Indices et recherches faisant présumer qu'il y a eu assassinat Mesures prises pour rechercher le coupable.

———

Rapport sur un incendie dont les causes sont restées inconnues. La gendarmerie arrive sur les lieux, organise les secours, et un gendarme sauve au péril de sa vie une jeune femme malade qui était restée dans son lit.

———

Rapport sur la découverte de faux-monnayeurs. Le commandant d'arrondissement assiste le procureur de la République pendant la perquisition qui a lieu au domicile des inculpés. Il en rend compte.

———

Rapport sur l'arrestation de deux espions au moment où ils prenaient les plans des ponts du chemin de fer de... Ces deux individus sont trouvés porteurs. de notes qui ne laissent aucun doute sur leur culpabilité.

———

Rapport sur une tentative d'empoisonnement par une femme sur la personne de son mari. Les soins aussitôt prodigués à la victime la mettent hors de danger.

———

Rapport sur un attroupement non armé, sur la voie publique, suivi de l'arrestation d'un individu en flagrant délit de rébellion.

———

IVᵉ PARTIE

CANDIDATS POUR LES FONCTIONS DE COMPTABLE DANS LA GENDARMERIE

SUJETS DE DÉCOMPTES FICTIFS
(Donnés comme exercices.)

LABEUR (Jean), jeune soldat de la classe de 1900.

Incorporé au 3ᵉ régiment d'artillerie à compter du 10 octobre 1901.

Arrivé au corps le 11 dudit.

Parti en congé en attendant son passage dans la réserve de l'armée active le 3 septembre 1904.

Était libérable du service actif le 30 septembre 1904.

Nommé gendarme à la ᵉ légion, par décision ministérielle du 15 octobre 1904. En solde du 25 dudit.

1° Indiquer les différentes dates d'entrée en jouissance de la première, de la deuxième et de la troisième haute paye.

2° Ce militaire a-t-il droit à l'allocation d'une première mise et quel est le taux de la première mise pour l'arme à cheval ?

3° Indiquer combien il compte de services effectifs dans un régiment et dans la gendarmerie au 31 décembre 1904.

X..., maréchal des logis à L..., a droit à la haute paye de 0 fr. 70. Nommé sous-lieutenant à la compagnie de la Guadeloupe par décret du 2 juin, notifié le 17 dudit, rayé des contrôles de la légion le 18 juin. Embarqué à Saint-Nazaire le 26 dudit.

Son cheval a été vendu le 22 juin.

Indiquer les allocations auxquelles il a droit comme sous-officier et comme officier.

Faire connaître par grade les allocations dues au lieutenant adjoint au trésorier de..... pendant le premier trimestre.

Promu capitaine par décret du 10 janvier et désigné pour occuper un emploi de son nouveau grade en Algérie. Parti le 15 janvier pour rejoindre son nouveau poste. A obtenu de M. le général commandant le 15ᵉ corps d'armée une permission de quinze jours, avec solde de présence, en sus des délais de route et de tolérance. Embarqué le 2 février et débarqué le 4 dudit.

———

M. X..., lieutenant commandant l'arrondissement de gendarmerie à V..., (4ᵉ légion).

Parti le 21 janvier 1892 en permission de trente jours avec solde de présence pour en jouir à Orléans.

Entré à l'hôpital de cette ville le 4 février.

Promu capitaine à la même légion par décret du 26 février. Sorti de l'hôpital le 10 avril et parti ledit jour en congé de convalescence d'un mois avec solde de présence. Arrivé à son poste à Saint-Lô le 22 avril.

Décompter, par trimestre et par grade, le nombre de journées de solde de présence et d'absence.

———

M. X..., lieutenant au 3ᵉ régiment d'infanterie, est nommé lieutenant commandant l'arrondissement de gendarmerie de... par décision ministérielle du 25 décembre 18... Parti le 30 décembre, arrivé à sa résidence le 2 janvier. Monté le 2 février.

Faire connaître les allocations en deniers et en nature revenant à cet officier jusqu'au 1ᵉʳ avril 18.....

———

X..., maréchal des logis à la 1ʳᵉ légion, nommé sous-lieutenant à la 3ᵉ légion par décision ministérielle du 11 janvier 19..., rayé des contrôles de la 1ʳᵉ légion le 26 janvier.

Faire ressortir les allocations qui lui sont dues jusqu'à l'époque de sa radiation.

———

X..., nommé gendarme à cheval par décision ministérielle du 15 septembre 18... à la ᵉ légion le 1ᵉʳ octobre, arrivé ledit jour. Monté le 5 octobre. Entré à l'hôpital le 9 dudit, sorti le 25 du même mois et parti ledit jour en congé de convalescence de deux mois avec solde de présence. Rentré le 9 décembre.

Faire connaître les allocations en deniers et en nature qui lui sont dues.

Moreau (Adrien), gendarme à cheval à Angers. (A droit à la première haute paye.)

Entré à l'hôpital d'Angers le 1er avril 190..., sorti le 15 et parti ledit jour en congé de convalescence de trois mois, dont deux avec solde de présence, pour en jouir à Saumur. Entré à l'hôpital de cette place le 10 juin, sorti le 25 et rentré à son poste le 27.

Son cheval est mort à l'écurie le 6 juin.

Déterminer les allocations auxquelles il a droit pendant le 2e trimestre.

	JOURNÉES	
	d'ab-sence.	de pré-sence.
Du 1er au 14 avril	14	»
Du 15 avril au 9 juin inclus	»	55
Du 10 au 24 juin inclus	15	»
Du 25 au 27 juin inclus	3	»
Du 28 au 30 juin inclus	»	3
TOTAUX	32	58

Plus, 91 journées de haute paye à 0 fr. 30 et 68 rations de fourrage.

M. Lacour, lieutenant-trésorier de gendarmerie à Carcassonne (Aude), promu capitaine commandant l'arrondissement à Blidah (Algérie) par décret du 10 janvier 190..., parti le 26 pour rejoindre son nouveau poste. (Etait logé aux frais du département.) A obtenu de M. le général commandant le 16e corps d'armée une permission de quinze jours avec solde de présence. A obtenu de M. le général commandant le 15e corps d'armée une prolongation de quatre jours pour être rendu à Marseille le 18 février, veille de l'embarquement.

Embarqué à Marseille le 19 février, débarqué à Alger le 21 dudit (matin) et entré le même jour à l'hôpital de cette place ; sorti de l'hôpital le 11 mars et arrivé à son poste à Blidah le 13 dudit (n'avait qu'une journée de route de Car-

cassonne au port d'embarquement). Logé à Blidah aux frais
du département.

Remonté le 16 mars, son cheval est mort à l'écurie le
30 dudit.

Décompter les allocations auxquelles a droit cet officier
pendant le 1er trimestre.

M. X..., sous-lieutenant à la compagnie de gendarmerie
du Var, en traitement du 5 mai, à l'hôpital militaire de
Toulon, pour blessures reçues à l'ennemi. Promu lieutenant
à la compagnie du Rhône, par décret du 15 mai, a obtenu un
congé d'un mois pour aller faire usage des eaux de Vichy.
Sorti de l'hôpital le 8 juin et parti ledit jour pour se rendre
à Vichy (deux jours de route), a, suivant certificat du méde-
cin, fait usage des eaux du 14 au 28 juin inclus. Rentré à
son poste, à Lyon, le 7 juillet (un jour de route).

Etablir les droits de cet officier à la solde pour la période
du 5 mai au 7 juin inclus.

M..., capitaine commandant l'arrondissement de..., nommé
chef d'escadron à la compagnie de..., par décision ministérielle du 25 juin 19.... Parti le 1er juillet, arrivé à son poste
le 3 dudit. S'est remonté par abonnement le 1er août (n'a
qu'un cheval).

Entré à l'hôpital le 4 août, sorti le 29 dudit. Démonté le
4 septembre, son cheval mort à l'écurie. Remonté dans le
commerce le 4 dudit.

Faire connaître les allocations revenant à cet officier pendant le 3e trimestre.

X..., capitaine au 43e régiment d'infanterie, en garnison
à Lille. Nommé, par décision ministérielle du 16 juillet 19...,
capitaine commandant l'arrondissement de Mirande. Parti
de Lille le 1er août, s'est remonté le 14 août au 10e dragons
à Montauban. Détaché à la force publique de la 31e division
d'infanterie aux manœuvres. Parti de Mirande le 3 août ;
rentré à son poste le 20 septembre.

Logé dans un bâtiment non meublé du département du
2 août au 31 décembre 19....

Faire connaître pour les 3e et 4e trimestres les allocations
en deniers et en nature revenant à cet officier.

ANNEXE

Programme des examens à subir par les officiers et les sous-officiers des autres armes qui demandent à entrer dans la gendarmerie, ainsi que par les sous-officiers de gendarmerie présentés pour le grade de sous-lieutenant, et fixant des coefficients pour chacune des matières du programme.

Paris, le 22 mars 1890.

Le Président du Conseil, Ministre de la guerre, sur la proposition du comité technique de la gendarmerie, a décidé, à la date de ce jour :

1° Que l'histoire et la géographie ne seraient plus comprises, à l'avenir, dans le programme des examens imposés aux officiers des divers corps de troupe qui désirent passer dans la gendarmerie ;

2° Qu'un coefficient, par ordre d'importance, serait établi pour chacune des matières comprises dans les examens que doivent subir les officiers et sous-officiers des divers corps de troupe qui sollicitent leur admission dans la gendarmerie et les sous-officiers de cette dernière arme présentés pour le grade de sous-lieutenant.

Les tableaux ci-après déterminent le programme de ces divers examens, ainsi que les coefficients fixés pour chacune de ces matières.

Examens à subir par les officiers des autres armes qui demandent à passer dans la gendarmerie.

1° PARTIE ACTIVE.

EXAMEN ORAL.

	Coefficient.
Décret d'organisation.	10
Règlements sur l'administration et la solde.	6
Règlement sur le service intérieur.	10
Loi du 19 mai 1834.	2
École du cavalier, du peloton et de l'escadron (à pied et à cheval).	8
Connaissances pratiques d'hippologie et d'hygiène hippique.	8
Pratique d'équitation.	8

EXAMEN ÉCRIT.

Rapport fictif.	10
Procès-verbal fictif.	10

2° POUR TRÉSORIER.

Mêmes coefficients, sauf les différences ci-après :

Règlements sur l'administration et la solde...................... 12
Décompte fictif (remplaçant le procès-verbal fictif)............ 12

**Examens à subir par les sous-officiers de gendarmerie présentés
pour le grade de sous-lieutenant.**

1° PARTIE ACTIVE.

EXAMEN ORAL.

Coefficient.

Décret d'organisation. 10
Règlements sur l'administration et la solde. 6
Règlement sur le service intérieur............................. 10
Loi du 19 mai 1834.. 2
Histoire et géographie.. 7
Ecole du cavalier, du peloton et de l'escadron (à pied et
   à cheval). 8
Connaissances pratiques d'hippologie et d'hygiène hippique. 8
Pratique d'équitation. 8

EXAMEN ÉCRIT.

Rapport fictif. 10
Procès-verbal fictif. 10

2° POUR TRÉSORIER.

Mêmes coefficients, sauf les différences ci-après :

Règlements sur l'administration et la solde. 12
Décompte fictif (remplaçant le procès-verbal fictif)............ 12

**Examens à subir par les sous-officiers des autres armes qui
demandent à passer dans la gendarmerie comme chefs de brigade.**

EXAMEN ORAL.

Décret d'organisation.

Coefficient 10.

Titre préliminaire. — Section I : Spécialité du service de l'arme. —
Section II : Du serment imposé aux militaires de la gendarmerie.
Titre Ier. — Chapitre Ier. — Section I : Organisation de la gendar-
merie. — Section IV : Des démissions, renvois ou retraites.
Chapitre II. — Section I : Avancement des sous-officiers, brigadiers
et gendarmes.

Titre II. — Chapitre II. — Section II : Dispositions préliminaires.
Titre IV. — Dispositions préliminaires. Chapitre Ier : Service ordinaire des brigades.
Chapitre II : Des rencontres et des transfèrements de prisonniers.
Chapitre III : Service extraordinaire des brigades.

Règlement sur l'administration et la solde.

Coefficient 3.

De l'indemnité de service extraordinaire.
Des indemnités pour perte de chevaux et d'effets.
De l'indemnité de literie.
De la masse individuelle.
De la masse d'entretien et de remonte.
De la masse de secours.
Du logement.
Paiement de la solde.
Du livret des sous-officiers, brigadiers et gendarmes.

Règlement sur le service intérieur.

Coefficient 10.

Titre I. — Chapitre IX : Fonctions des chefs de brigade.
Chapitre XII : Actes de courage et de dévouement.
Titre II. — Chapitre IV : Des plantons (art. 80 à 83).
Chapitre VI : Tenue.
Chapitre IX : Casernement.
Chapitre X : Instruction.
Chapitre XIV : Marques extérieures de respect.
Chapitre XVII : Congés et permissions (1).
Titre III. — Chapitre II : Punitions (art. 202, 203, 204, 213 à 223).
Chapitre V : Réforme des sous-officiers, brigadiers et gendarmes.
Chapitre VI : Certificats de bonne conduite.
Chapitre VII : Demandes. Réclamation.

Histoire.

Coefficient, 5, avec la géographie.

Eléments sommaires d'histoire de France, depuis le règne de Louis XIV jusqu'à nos jours.

Géographie.

Divisions de l'Europe. Bornes, fleuves et montagnes de la France. Divisions de la France par départements, et indication des chefs-lieux. Principales possessions coloniales de la France,

(Pour les sous-officiers présentés pour l'arme à cheval.)

	Coefficient.
Règlement sur les exercices de la gendarmerie à cheval.	
— Ecole du cavalier et du peloton (à pied et à cheval).	8
Hippologie et hygène hippique. — Connaissances pratiques.	8

---

(1) V. en outre le décret du 1er mars 1890 sur la concession des congés et permissions. (En vente à la librairie Lavauzelle.)

(Pour les sous-officiers présentés pour l'arme à pied.)

Règlement sur les exercices de la gendarmerie à pied. Ecole du cavalier et du peloton (à pied). Coefficient 8.

EXAMEN ÉCRIT.

	Coefficient.
Rapport fictif.	10
Procès-verbal fictif.	10
Problèmes d'arithmétique sur les quatre premières règles.	6

Le nombre de points que les candidats doivent obtenir est fixé à la moitié du maximum.

Les candidats classés sont dispensés de subir un second examen.

Examen à Paris des sous-officiers des divers corps de troupe, candidats à la gendarmerie.

Les adjudants, sergents-majors ou maréchaux des logis chefs, jugés aptes à être admis dans la gendarmerie, à la suite des examens subis devant les commissions instituées au chef-lieu de chaque légion, sont appelés, à Paris, dans la première quinzaine d'octobre, pour concourir entre eux, suivant les fonctions qu'ils peuvent être appelés à remplir dans la gendarmerie.

Le jury d'examen est celui dont la composition est prévue à l'article 16 de l'instruction du 22 juin 1905.

Le concours a lieu dans les conditions énoncées aux articles 17, 18, 19 et 20 de ladite instruction.

Les listes d'admission établies par la commission de classement de la gendarmerie sont soumises au Ministre qui les arrête définitivement.

Voir l'*Instruction sur les conditions d'admission dans la gendarmerie* avec le programme des examens à subir. (En vente à la librairie Lavauzelle.)

OUVRAGES A CONSULTER

Pour la préparation des examens à subir

PAR LES OFFICIERS & SOUS-OFFICIERS DE L'ARMÉE

POUR ENTRER DANS LA GENDARMERIE

Tous ces ouvrages sont en vente à la Librairie militaire Henri
CHARLES-LAVAUZELLE, 10, *rue Danton, boulevard Saint-Germain, 118, Paris.*

Manuel des sujets de compositions écrites pour l'admission ou l'avancement dans la gendarmerie (3ᵉ édition, revue et augmentée). — Brochure in-8° de 32 pages.. » 60

Instruction du 20 mai 1903, relative à l'établissement des propositions pour *l'admission des anciens militaires dans la gendarmerie,* à la rentrée en France des officiers et militaires de tous grades de la gendarmerie coloniale. — Brochure in-8° de 48 pages............ 0 50

Manuel des candidats à l'avancement. — Vol. in-32 de 220 p. car. 1 »

Manuel des Théories à l'usage de la Gendarmerie, mis en concordance avec le décret du 20 mai 1903, sur l'organisation et le service de la gendarmerie, par un officier supérieur de l'arme (30ᵉ édition). — Volume in-8° de 292 pages..................................... 2 »

Décret du 20 mai 1903, portant règlement sur l'organisation et le service de la gendarmerie. — Vol. in-8° de 154 pages, cartonné... 1 »

Règlement du 3 janvier 1903, sur la solde et les revues de la gendarmerie. — TEXTE. — Vol. in-8° de 212 pages, cartonné.......... 1 50

MODÈLES. — Volume in-8° de 146 pages, cartonné.............. 1 25

Décret du 5 décembre 1902, portant règlement sur l'administration et la comptabilité des corps de la gendarmerie. — TEXTE. — Volume in-32 de 186 pages, cartonné. 1 60

MODÈLES. — Volume in-8° de 352 pages, cartonné............. 2 25

Tarifs de la solde, des masses, indemnités, gratifications, primes, parts d'amendes et abonnements de la gendarmerie (3ᵉ édition). — Brochure in-8° de 104 pages..................................... 1 25

Décret du 14 octobre 1905 portant règlement sur le service intérieur de la gendarmerie départementale. — Volume arrêté à la date du 14 octobre 1905. In-8° de 204 pages........................... 1 25

Décret du 4 avril 1900, portant règlement sur le *service intérieur de la garde républicaine.* — Vol. in-8º de 434 pages, broché...... 4 »
Le même, cartonné.. 4 50
Etat des officiers. Loi du 19 mai 1834. Conseils d'enquête (armée active, réserve, armée territoriale). Décrets et instructions du 8 novembre 1903. — Brochure in-8º de 80 pages................... 1 »
Règlement du 15 mars 1905 sur les *exercices de la gendarmerie à cheval.* — Volume in-32 de 300 pages, avec figures, cart.... 1 50
Règlement du 15 mars 1905 sur les *exercices de la gendarmerie à pied.* — Volume in-32 de 134 pages, cartonné............... 1 »
Nomenclature et tarif des médicaments à fournir aux militaires de la gendarmerie, à dater du 13 février 1906. — Brochure in-8º de 32 pages.. 0 25
Ajustage des effets des militaires de la gendarmerie. Extrait de l'instruction du 9 juin 1895 sur la description de l'uniforme de la gendarmerie, et de l'Instruction du 10 octobre 1894 sur la description du harnachement des chevaux (édition annotée et mise à jour jusqu'au 1er février 1903). — Brochure in-8º de 28 pages........ » 50
Instruction du 29 mai 1894 sur la nomenclature, le démontage et le remontage du revolver modèle 1892. — Brochure in-32 de 42 pages, avec figures.. » 50
La même instruction, en placard, contenant toutes les figures.... » 30
Instruction du 12 août 1891 sur la nomenclature, le démontage, le remontage et l'entretien de la carabine de gendarmerie modèle 1890. En placard (P. 5 A)... » 20
Instruction du tireur, extrait de l'instruction provisoire du 6 mai 1892 et du 2 mai 1883 (carabine de gendarmerie modèle 1890 et revolver modèle 1892). En placard (P. 9 A).............................. » 20
Cours abrégé d'hippologie, rédigé par les soins de la commission d'hygiène hippique, approuvé par le Ministre de la guerre le 2 avril 1875 (8e édition). — Volume in-32 de 358 p., avec figures, cartonné. 1 50
Le même, avec reliure pleine toile gaufrée............................ 2 »
Manuel équestre de MM. les officiers d'infanterie, d'après la circulaire du 22 mai 1900 du général de Galliffet, ministre de la guerre. — Volume in-18 de 126 pages.. 2 »
Maladies ou accidents les plus fréquents du cheval. Premiers soins à lui donner en l'absence du vétérinaire, par J. Chauvrat, vétérinaire principal de 2e classe. — Volume in-32 de 162 pages.......... 1 »
Dictionnaire des connaissances générales utiles à la gendarmerie, par le général L. Amade, membre du comité technique de la gendarmerie, et par le lieutenant-colonel Corsin (15e édition). — Fort volume in-8º de 806 pages, relié pleine toile gaufrée...................... 6 »
Guide formulaire de la gendarmerie dans l'exercice de ses fonctions de police judiciaire, civile et militaire, par Etienne Meynieux, docteur en droit (14e mille). — Volume in-8º de 550 pages, relié toile.. 6 »
Nouveaux codes français et lois usuelles civiles et militaires, recueil spécialement destiné à la gendarmerie et à l'armée (14e mille). — Volume in-12 de 1.100 pages, relié pleine toile gaufrée............ 5 »
Recueil de la jurisprudence à l'usage de la gendarmerie, par M. le lieutenant-colonel Corsin. — Vol. in-º de 400 pages, relié pleine toile gaufrée. .... 3 »
Principes de droit criminel, administratif et de médecine légale, par demandes et par réponses, par F. Pellegry, lieutenant de gendarmerie, gradué en droit. — Vol. in-18 de 196 p., avec 4 gravures... 2 »
Etude résumée des principaux caractères du Signalement descriptif, dit « *Portrait parlé* » (Méthode Bertillon), par le capitaine Camille Pierre, de la garde républicaine. — Brochure in-8º de 72 pages, ornée de 94 figures. 1 50

Devoirs de la gendarmerie en ce qui concerne les *hommes astreints au service militaire*, par demandes et réponses (9e édition, annotée). — Volume in-32 de 88 pages, broché................................... » 60

Le même, relié pleine toile gaufrée................................... 1 »

Droits et attributions de la gendarmerie en matière de douanes, de contributions indirectes, d'affiches, de timbres de quittance, etc., par un officier supérieur de gendarmerie (5e édition). — Volume in-8° de 106 pages................................... 1 50

Extraits de l'instruction générale sur le service des postes et du Manuel des franchises. — Volume in-8° de 164 pages, broché...... 2 »

Code-manuel de justice militaire pour l'armée de terre, suivi d'une instruction pour la tenue de l'audience par le président ; d'un extrait des Codes d'instruction criminelle et pénal, etc. (3e édition). — Volume in-32 de 416 pages, cartonné................................... 2 »

Règlement du 29 novembre 1884, sur les *frais de comparution* en justice et le *transfèrement des prisonniers*, suivi de diverses notes et circulaires. — Brochure in-32 de 76 pages................................... » 50

La police judiciaire militaire en temps de paix et en temps de guerre, par Emile Loyer, colonel de gendarmerie (2e édition). — Volume in-18 de 340 pages, cartonné................................... 2 »

La police judiciaire dans les corps de troupe, par le commandant Guéguin, rapporteur près le conseil de guerre du 11e corps d'armée. — Volume in-8° de 40 pages................................... » 75

Manuel de l'officier de police judiciaire, par Champoudry et P. Daniel, licencié en droit, attaché au ministère de la guerre (4e édition). — Volume in-8° de 280 pages................................... *net.* 6 »

Carnet-guide du gendarme dressé sous forme de questionnaire par demandes et réponses sur les lois et règlements en usage dans la gendarmerie (20e édition, revue, augmentée et mise à jour) avec tableaux en couleurs des fanions. — Vol. in-32 de 246 p., relié. 1 25

Nouveau Vade-mecum de la gendarmerie, par M. Berthet, capitaine de gendarmerie (2e édition). — Vol. in-32 de 144 p., relié pleine toile................................... 1 25

Manuel pratique à l'usage des militaires de tous grades de la gendarmerie, par le lieutenant Lamotte. — Vol. in-8° de 190 p... 1 50

Règlement du 21 mars 1893 sur les prisonniers de guerre. — Brochure in-8° de 88 p., contenant modèles, tarifs et pièces annexes... 1 »

Instruction sur le service de la gendarmerie en campagne (édition mise à jour jusqu'en juillet 1904). — Vol. in-8° de 174 pages, broché. 1 30

Le même. cartonné................................... 1 75

Extrait, par demandes et par réponses, de l'*Instruction du 13 février 1900 sur le service de la gendarmerie en campagne.* — Volume in-32 de 112 pages, cartonné................................... 1 »

Instruction portant règlement pour le paiement des dommages causés aux propriétés privées et mesures à prendre en cas de dommages causés aux biens du domaine public communal pendant les manœuvres et exercices spéciaux exécutés annuellement par les corps de troupe et à l'occasion du fonctionnement des champs de tir (édition à jour au 1er juin 1904). — Vol. in-8° de 100 pages, broché............... 1 »

Réquisitions (édition officielle mise à jour des textes en vigueur jusqu'en octobre 1902). — Vol. in-8° de 198 pages, broché........ 1 50

Justice militaire : Réquisition de la force armée. (Volume arrêté à la date du 24 juin 1903). — Brochure in-8° de 16 pages, cartonné. » 20

Le même, brochure in-32 de 28 pages........................ » 15

Troubles et émeutes. Recueil des documents officiels indiquant les mesures à prendre par les autorités civiles et par les autorités militaires, par J. Saumur, ✳, ⚝, officier d'administration de 1re classe d'état-major. (Extrait de l'*Encyclopédie militaire*) (4e édition). — Volume in-32 de 88 pages................................... » 50

Manuel des pensions de retraite des officiers, sous-officiers, brigadiers, caporaux, soldats ou gendarmes, *et des pensions aux veuves et secours aux orphelins*, mis en concordance avec l'instruction générale du 23 mars 1897, avec tarifs, annotations, etc. (9e édition). — Brochure in-8° de 80 pages. . . . . 1 »

Instruction ministérielle du 27 août 1886, relative aux *demandes de secours*, modifiée le 1er août 1890. — Brochure in-32 de 64 p. » 50

Noël et Chapsal. — *Nouvelle grammaire française*, avec de nombreux exercices d'orthographe, de syntaxe et de ponctuation. — Volume in-8° de 220 pages, cartonné. 1 50

Bescherelle aîné. — *Nouveau Dictionnaire classique de la Langue française*, comprenant les mots du dictionnaire de l'Académie française et un très grand nombre d'autres, autorisés par l'emploi qu'en ont fait les bons écrivains ; leurs acceptions propres et figurées et l'indication de leur emploi dans les différents genres de style, les termes usités dans les sciences, les arts, les manufactures, ou tirés des langues étrangères : la prononciation de tous les mots qui présentent quelque difficulté ; un vocabulaire général de géographie, d'histoire et de biographie. — Nouvelle édition entièrement refondue et contenant 1.200 vignettes dans le texte et 40 cartes ou gravures d'ensemble. — Fort volume in-4° de 1.416 pages, broché. . . . . 18 »
    Richement relié demi-chagrin. . . . . 22 »

Larousse. — *Nouveau dictionnaire* de la langue française. Quatre dictionnaires en un seul (157e édit.). — Vol. in-18 de 1.224 p., cart. 2 60
    Franco par la poste. 3 25

Dictionnaire des communes administratif et militaire (France, Algérie, Tunisie), dressé en tableaux indiquant pour chaque commune : la population, le canton, l'arrondissement, le département, le corps d'armée, le bureau de recrutement, la brigade de gendarmerie et les établissements militaires, le réseau des chemins de fer, les postes, télégraphes et téléphones, par Ch. Lassalle, officier d'administration de 1re classe d'état-major (6e édition). — Vol. in-8°, 1.250 pages, couverture toile. . . . . 6 »

Carte militaire de la France, donnant par région de corps d'armée et par subdivision de région l'emplacement de toutes les troupes de l'armée active et de l'armée territoriale. — Chromolithographie en sept couleurs, 17e édition. . . . . 2 »
    Collée sur toile vernie, montée sur gorge et rouleau. . . . . 6 »

MINISTÈRE DE LA GUERRE :
    Grammaire et composition française, 324 pages. . . . . 2 »
    Arithmétique et système métrique, 230 pages. 1 60
    Géométrie, 197 pages avec gravures dans le texte. 1 60
    Topographie, 182 pages, figures, tableaux et cartes. . . . . 2 »
    Fortification de campagne, 191 pages avec figures. . . . . 2 »
    Géographie, 174 pages avec 14 cartes. . . . . 3 »
    Histoire militaire, 246 pages avec 12 cartes. 4 50
    Les 7 volumes pris ensemble. 13 50

Memento chronologique de l'histoire militaire de la France à l'usage des candidats aux écoles militaires, par le commandant Ch. Romagny, professeur de tactique et d'histoire à l'Ecole militaire d'infanterie. — Volume in-18 de 316 pages, broché. . . . . 4 »

Tableaux d'histoire à l'usage des sous-officiers candidats aux écoles militaires, par Noël Lacolle, lieutenant d'infanterie. — Volume in-18 de 144 pages. 2 50

Précis historique des campagnes modernes, à l'usage des candidats aux diverses écoles *militaires (2 édition)*. — Volume in-18 de 232 pages, avec 37 cartes du théâtre des opérations. 3 50

Histoire militaire de la France, depuis l'origine jusqu'en 1643, par Emile Simond, capitaine au 28e de ligne. — 2 vol. in-32, br. 1 »
Les mêmes, reliés pleine toile gaufrée. 1 50

Histoire militaire de la France, de 1643 à 1871, par Emile Simond, capitaine au 28e de ligne (3e édition). — 2 volumes in-32, br. 1 »
Les mêmes, reliés pleine toile gaufrée...................................... 1 50

Campagnes d'un siècle, par le commandant Ch. Romagy, ✳, ≋, professeur de tactique et d'histoire à l'Ecole militaire d'infanterie. — *Campagnes de 1792-1795,* 1 vol. (4 cartes). — *1796-1797,* 1 vol. (5 cartes). — *1800,* 1 vol. (4 cartes). — *1805,* 1 vol. (2 cartes). — *1806,* 1 vol. (3 cartes). — *1809,* 1 vol. (3 cartes). — *1812,* 1 vol. (5 cartes). — *1813,* 1 vol. (4 cartes). — *1814,* 1 vol. (1 carte). — *1815,* 1 vol. (1 carte). — *Crimée,* 1 vol. (3 cartes). — *1859,* 1 vol. (1 carte). — *1866,* 1 vol. (4 cartes). — *1877-78,* 1 vol. (3 cartes). — *Algérie,* 1 vol. (1 carte). — *Tunisie, Sénégal, Soudan, Dahomey, Congo,* 1 vol. (4 cartes). — *Indo-Chine et Madagascar,* 1 vol. (3 cartes). — *Guerres secondaires du règne de Napoléon III,* 1 vol. (3 cartes). — *Guerre de 1870-71,* 4 vol. (30 cartes). — 22 vol. in-32, br., l'un » 50
Les mêmes, reliés pleine toile gaufrée, l'un........................... » 75

Guerre franco-allemande de 1870-71, par le commandant Ch. Romagny, professeur de tactique et d'histoire à l'Ecole militaire d'infanterie. Ouvrage accompagné d'un atlas comprenant 18 cartes-croquis en deux couleurs. — Volume in-8° de 392 pages et l'atlas............. 7 50

Atlas de géographie moderne. — *Le Monde moins la France,* par G. Pauly et R. Hausermann, contenant 38 cartes en chromolithographie, 7 couleurs ; le texte est en regard de chacune des cartes. — Volume in-4°, cartonné... . 2 10

Atlas de géographie moderne. — *La France et ses colonies,* par G. Pauly et R. Hausermann *(nouvelle édition),* contenant 67 cartes en chromolithographie. — Volume in-4°, cartonné.................,.... 3 15

Atlas universel de géographie moderne, par G. Pauly et R. Hausermann, contenant 120 cartes en chromolithographie, 7 couleurs. — Volume in-4° cartonné..:................. 6 »

Le Catalogue général de la Librairie militaire est envoyé gratuitement à toute personne qui en fait la demande à l'éditeur Henri **CHARLES-LAVAUZELLE.**

En outre, comme il est indispensable que les candidats de la gendarmerie se tiennent dès maintenant au courant de toutes les questions qui intéressent cette arme et de toutes les circulaires et décisions qui modifient journellement ses règlements, nous les engageons instamment à s'abonner à l'*Echo de la Gendarmerie,* journal créé spécialement pour la défense des intérêts de l'arme.

On s'abonne dans tous les bureaux de poste au prix de 6 fr. 50 par an pour la France, la Corse, l'Algérie et la Tunisie ; 8 francs pour les colonies et l'étranger.

L'*Annuaire spécial de l'arme de la Gendarmerie* est envoyé chaque année, gratuitement, aux abonnés.

www.ingramcontent.com/pod-product-compliance
Lightning Source LLC
Chambersburg PA
CBHW051319060726
47596CB00004B/1386